Colusa County Free Library

3 0738 00057 7808

MUNDO INVISIBLE

NUESTRA ARQUITECTURA

ÓSEA

D0580578

Colusa County Free Library

738 Market Street
Colusa, CA 95932
Phone: 458-7671

CUP   WILLIAMS

Las palabras en **negrita**
están explicadas en la página 30.

Primera edición, 1995
Primera reimpresión, 1995
Segunda reimpresión, 1997
Tercera reimpresión, 1998
Cuarta reimpresión, 1998

Copyright © 1994 Parramón Ediciones S.A.
Copyright © 1995 Editorial Norma, S.A.,
para territorios y mercados de habla hispana
de Latinoamérica y Norteamérica
Apartado aéreo 53550, Santa Fe de Bogotá, Colombia.
Prohibida la reproducción total o parcial de este libro,
por cualquier medio, sin permiso escrito de la Editorial.

Impreso por Banco de Ideas
Carrera 44 No. 77-43 Santa Fe de Bogotá
Julio 1998
Impreso en Colombia — Printed in Colombia

Director editorial, Jordi Vigué
Editora, Mercé Seix
Texto, Eduard Arnau
Diseño gráfico, Rosa María Moreno
Ilustraciones, Antonio Muñoz Tenllado
Dirección de producción, Rafael Marfil

ISBN de la obra: 958-04-3227-9
ISBN de la colección: 958-04-2412-8

NUESTRA ARQUITECTURA

ÓSEA

Parramón

G R U P O
EDITORIAL **norma**

Barcelona, Buenos Aires, Caracas, Guatemala, Lima, México, Miami,
Panamá, Quito, San José,
San Juan, Santa Fe de Bogotá, Santiago de Chile,
Santo Domingo, Sao Paulo.

COLUSA COUNTY FREE LIBRARY

Un sistema multifuncional

El conjunto de huesos, unos 206, constituye el sistema óseo o esqueleto, que dota al cuerpo de su configuración o apariencia externa y le proporciona una estructura rígida y resistente. Sin embargo, el cuerpo humano es un conjunto de órganos, sistemas y aparatos que actúan coordinadamente para llevar a cabo las funciones vitales: la nutrición, la reproducción y la relación.

El **aparato locomotor** es esencial para la relación del ser humano con el entorno, ya que constituye la base del movimiento. Lo forman los huesos, piezas duras y resistentes que sostienen el cuerpo; más de 400 músculos, que recubren el esqueleto; y las articulaciones, estructuras donde se unen los huesos.

Además de ser el armazón del cuerpo y posibilitar el movimiento, el sistema óseo tiene otras funciones.

El esqueleto **protege** los órganos más importantes del cuerpo, como el cerebro, la médula espinal, el corazón y los pulmones.

La **estatura** también depende, en gran parte, de los huesos. Éstos presentan en su parte central un tejido duro, el cartílago o placa de crecimiento, que crece en longitud y anchura hasta los 20-25 años de edad. El desarrollo de los huesos antes del cierre de la placa determina las diferencias de estatura existentes.

Los huesos, a través de la médula ósea roja que ocupa su cavidad interna, también se encargan de la **fabricación de las células** de la sangre: glóbulos rojos, glóbulos blancos y plaquetas.

Finalmente, el sistema óseo constituye un depósito de diversas sustancias y de **sales minerales**, en especial de calcio y de fósforo, imprescindibles para el correcto desarrollo de los huesos y de otras partes del organismo.

El esqueleto o sistema óseo es un buen ejemplo de organización celular. Sus células especializadas, los osteocitos, constituyen un tejido que se estructura para otorgar una forma determinada a los distintos órganos (los huesos), según la función que éstos han de desempeñar.

HUESO

TEJIDO ÓSEO

CÉLULA OSTEOBLASTO

Finalmente, el conjunto de huesos constituye el esqueleto, un sistema interrelacionado con los diferentes aparatos y órganos del cuerpo humano.

El sistema óseo es un conjunto de unos 206 huesos que constituyen el armazón del cuerpo y que actúan coordinadamente con otros órganos y aparatos. La mayoría de sus nombres se inspiran en la etimología clásica: por ejemplo, «carpo» procede del griego **karpós***, que significa «raíz de la mano»; «tibia» procede del latín* **tibia***, «flauta», instrumento musical de forma similar; y «cóccix» viene del griego* **kokkyx***, «cuclillo», ya que su forma recuerda al pico de este pájaro.* ▼

**SISTEMA ÓSEO
ESQUELETO**

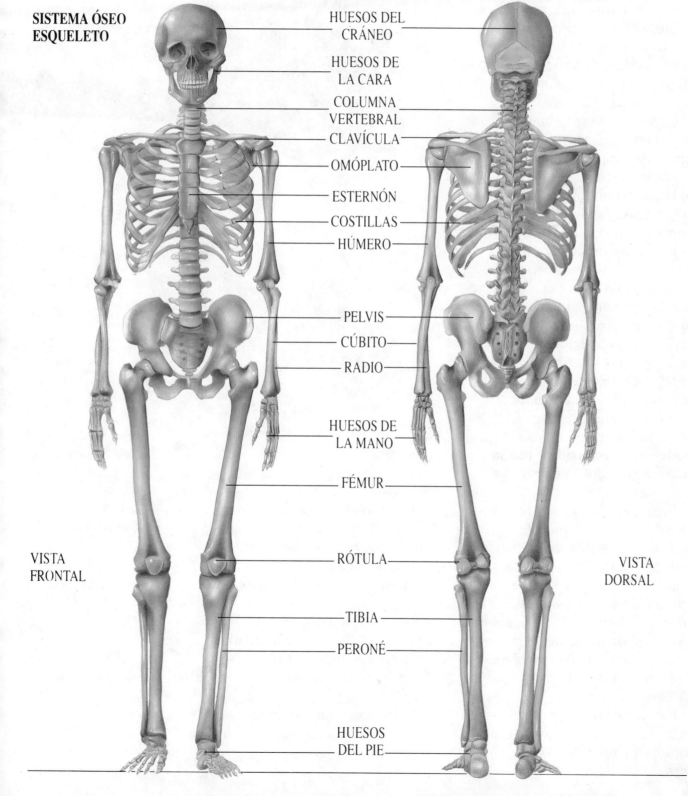

HUESOS DEL CRÁNEO

HUESOS DE LA CARA

COLUMNA VERTEBRAL

CLAVÍCULA

OMÓPLATO

ESTERNÓN

COSTILLAS

HÚMERO

PELVIS

CÚBITO

RADIO

HUESOS DE LA MANO

FÉMUR

RÓTULA

TIBIA

PERONÉ

HUESOS DEL PIE

VISTA FRONTAL

VISTA DORSAL

La composición del hueso

Los huesos presentan tres partes diferenciadas.

El **periostio** es la capa más externa y consta de numerosos vasos sanguíneos que nutren el hueso. Cubre toda su superficie excepto las zonas donde se encuentran las articulaciones.

La **sustancia ósea** conforma la parte dura del hueso. Se distinguen el tejido óseo esponjoso, compuesto por una nutrida red de conductos (canales de Havers) por donde circulan vasos sanguíneos, y el tejido óseo compacto, una masa bastante sólida en la que sus espacios sólo se aprecian al microscopio.

La **médula ósea** es una sustancia blanda que llena las cavidades del tejido esponjoso. La médula ósea **roja** se encarga de fabricar las células de la sangre, es decir, los glóbulos de origen mieloide (los glóbulos de origen linfoide, o sea, linfocitos y macrófagos, los producen los ganglios linfáticos), mientras que la médula ósea **amarilla** o tuétano es inactiva y prácticamente está formada por grasa.

En el embrión y en el recién nacido, sólo existe médula roja, pero durante la fase de crecimiento, una parte se convierte en médula amarilla. En la época adulta, la proporción entre ambas es casi la misma. Sólo un 30 % de la médula roja es tejido mieloide, es decir, productor de células sanguíneas, mientras que aproximadamente un 70 % es grasa.

La médula ósea roja se encuentra en la parte central de los huesos cortos y planos, y en los extremos de

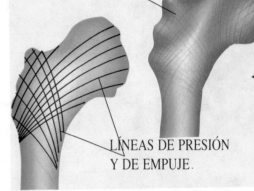

TRABÉCULAS

LÍNEAS DE PRESIÓN Y DE EMPUJE.

los largos: las vértebras, las costillas, el esternón, los huesos craneales y las epífisis o extremos del húmero y del fémur. Actualmente, se admite que todas las células sanguíneas proceden de una única célula primitiva, la **célula madre pluripotente**, que origina los distintos tipos de células y puede perpetuarse a sí misma. A partir de ella surgen las **células madre monopotentes**, que se subdividen en eritrocitos, leucocitos o plaquetas.

Hacia el cuarto o quinto mes de vida se activan la médula ósea y los órganos linfáticos.

◄ *La excepcional resistencia de los huesos se debe, sobre todo, a la forma en que están construidos. Los huesos que soportan bastante peso, como el fémur, actúan como si fueran pilares de sostén. Si se hicieran trazar, mediante un cálculo matemático, las líneas de presión y de empuje de un pilar, éstas se corresponderían exactamente con la disposición de las trabéculas (partículas óseas) de la epífisis del hueso.*

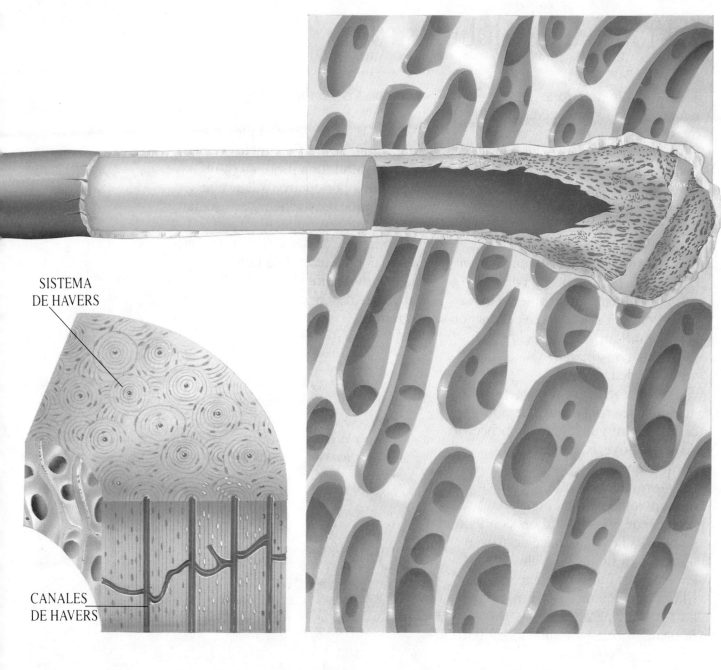

SISTEMA
DE HAVERS

CANALES
DE HAVERS

Los huesos largos, como el húmero o el fémur, producen células sanguíneas. La «fábrica» de glóbulos es la médula ósea roja; ésta llena las múltiples cavidades del tejido óseo esponjoso **1**, que conforma las epífisis o extremos del hueso. El tejido óseo compacto da al hueso su dureza **2**. La diáfisis o parte central consta de la médula amarilla **3**, inactiva y de naturaleza grasa, y del tejido compacto, cuyas células óseas se disponen en forma helicoidal para proporcionar dureza al hueso, que está recubierto por una especie de piel o envoltorio, el periostio **4**.

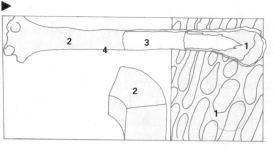

La fábrica de glóbulos rojos

La médula ósea roja, que se encuentra en la parte central de los huesos cortos y planos, y en los extremos de los huesos largos, actúa como una verdadera fábrica de glóbulos rojos, también denominados **eritrocito**s o **hematíes**.

Estas células sanguíneas tienen forma de disco bicóncavo: un diámetro de 6-9 micras y un espesor de 1 micra (1 millonésima de metro), que aumenta progresivamente hacia los bordes. El ser humano cuenta con 4,5 ó 5 millones de eritrocitos por mm^3, que constituyen el 45 % del volumen de la sangre.

Los eritrocitos se producen en la médula ósea roja a partir de una célula madre y mediante un proceso de **eritropoyesis**, caracterizado porque, en una de sus transformaciones, la célula madre monopotente pierde el núcleo. El proceso de eritropoyesis es continuo ya que, cada segundo, se destruyen unos dos millones de glóbulos rojos envejecidos que hay que reemplazar. El tiempo de vida de un eritrocito es de 120 días, pasados los cuales es destruido por el sistema fagocítico del bazo y del hígado.

Se puede considerar que los glóbulos rojos son células «no vivas» porque carecen de núcleo y de mitocondrias y, por tanto, no pueden realizar diversos procesos esenciales de la vida ni transmitir caracteres hereditarios. Sin embargo, esto no impide su gran actividad y que lleven a cabo una importantísima función: el transporte de oxígeno.

Los hematíes son elásticos y deformables, lo que les permite atravesar los capilares sanguíneos más finos.

En su interior, los glóbulos rojos están formados básicamente por **hemoglobina**, una proteína (globina) constituida por cuatro cadenas de aminoácidos. Las cadenas se asocian a sendos grupos moleculares, el **grupo hemo**, cada uno de los cuales cuenta con un átomo de hierro que fija una molécula de oxígeno y la transporta desde los pulmones hasta los tejidos.

La respiración celular es la «verdadera» respiración del cuerpo humano. Las células necesitan oxígeno (O_2) para transformar los nutrientes de los alimentos en la energía que el organismo precisa para realizar sus funciones, y además han de eliminar los residuos de esta combustión, el dióxido de carbono (CO_2). Al haber mayor cantidad de O_2 en la hemoglobina, aquella pasa a la célula, y ésta cede el CO_2 a los glóbulos rojos.

▼

PELVIS

FÉMUR

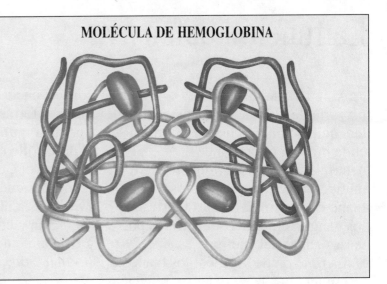

MOLÉCULA DE HEMOGLOBINA

▲ *Representación de una molécula de hemoglobina. Cada átomo de hierro del grupo hemo fija una molécula de oxígeno, que el glóbulo rojo transporta desde los pulmones a los tejidos. La hemoglobina también transporta dióxido de carbono desde los tejidos a los pulmones, donde se libera de él.*

GLÓBULO
ROJO

◄ *Principales centros de producción de células sanguíneas. Se limitan a algunos huesos planos y a las epífisis de los huesos largos: las vértebras, las costillas, el esternón, la pelvis y el fémur, entre otros.*

La función defensiva

Al igual que los glóbulos rojos, la mayoría de glóbulos blancos o **leucocitos** también tienen su origen en la médula ósea roja de determinados huesos. Sin embargo, un tipo particular de glóbulos blancos, los linfocitos, los fabrican los ganglios linfáticos repartidos por varias zonas del cuerpo.

La función de los glóbulos blancos es esencialmente de defensa frente a las infecciones, mediante la absorción y destrucción de bacterias, **fagocitosis**, o a través de procesos inmunológicos.

Como respuesta a la presencia de microbios en el organismo, el sistema inmunológico produce unas proteínas, llamadas anticuerpos, que se desencadenan al detectarse antígenos, ciertas sustancias tóxicas de los microbios. La misión de los anticuerpos consiste en contrarrestar, de forma selectiva, la acción nociva de los antígenos, dividiéndose y uniéndose a ellos. Esta reacción antígeno-anticuerpo, que tiene lugar en el plasma sanguíneo, constituye la respuesta inmune primaria.

Los linfocitos poseen «memoria inmunológica», ya que recuerdan cómo se forma un anticuerpo específico para un antígeno determinado. Gracias a ello, cuando un mismo antígeno vuelve a penetrar en otra ocasión, en un mismo organismo, la formación de anticuerpos es mucho más rápida y numerosa: es la denominada respuesta inmune secundaria.

Esta inmunidad o capacidad que tienen los seres vivos para mantenerse invulnerables a una determinada enfermedad es, generalmente, una consecuencia de superar con éxito dicha enfermedad. También existe un tipo de inmunidad adquirido durante el desarrollo embrionario y el período de lactancia, cuando el embrión recibe anticuerpos de la madre a través de la placenta o de la primera secreción láctea. Además, artificialmente puede adquirirse un privilegiado estado de protección por medios terapéuticos, a través de la vacunación.

A diferencia de los hematíes, los glóbulos blancos, cuyo número oscila entre 5 000 y 10 000 por mm^3 de sangre, tienen una estructura nuclear completa. Su proceso de formación, que presenta diversas variantes, se denomina leucopoyesis.

Las **plaquetas** o **trombocitos** también tienen su origen en la médula ósea roja de determinados huesos. No son propiamente células, sino trozos de citoplasma procedentes de la fragmentación de unas grandes células que se encuentran en la médula ósea. Cumplen una importante función en el proceso de coagulación de la sangre.

Las plaquetas inician el mecanismo de coagulación de la sangre porque poseen diferentes proteínas que favorecen su aglutinación. Cuando al producirse una herida ⊡1 se rompe un vaso sanguíneo, se adhieren a su pared y la cierran parcialmente coagulando la sangre mediante la transformación del fibrinógeno, disuelto en el plasma, en fibrina. Al mismo tiempo, los glóbulos blancos ⊡2 fagocitan las bacterias ⊡3 que han penetrado en el organismo.

DIGESTIÓN

Los leucocitos, al igual que otras células sanguíneas, los fabrican auténticas «factorías» especializadas, pero hay que distinguir los que son de origen mieloide, producidos

CAPTACIÓN

por la médula ósea

roja, y los de origen linfoide, producidos por los nódulos linfáticos repartidos por varios órganos del cuerpo: las amígdalas, el timo, las axilas, el bazo y las placas de Peyer del intestino.

GANGLIOS DE LAS AXILAS

AMÍGDALAS

TIMO

BAZO

CONTACTO

APROXIMACIÓN

PLACAS DE PEYER

MÉDULA ÓSEA

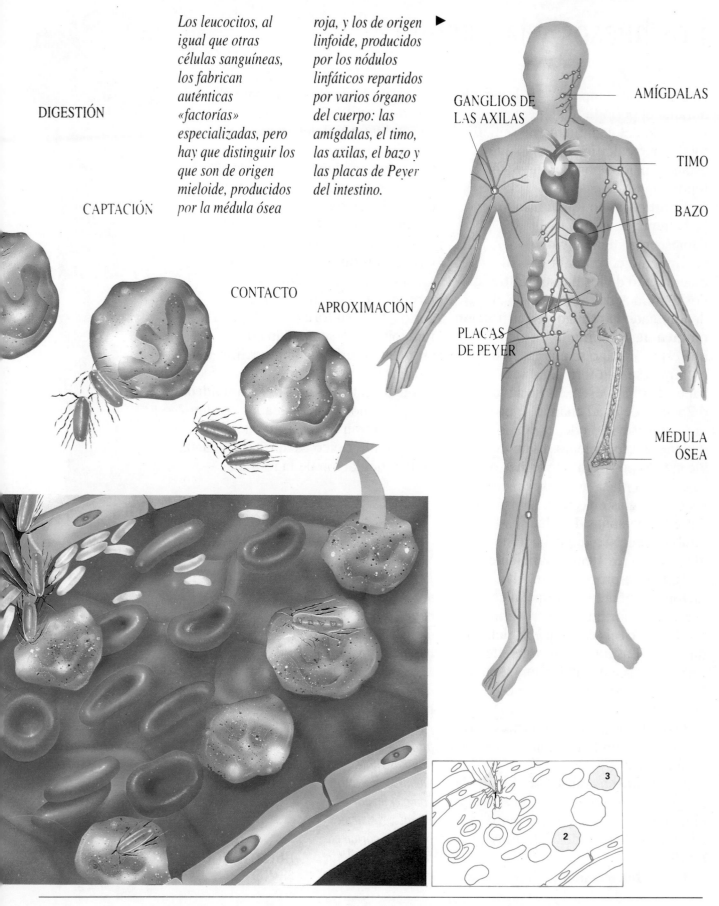

3

2

Los huesos y la estatura

Los huesos empiezan su desarrollo durante el período fetal, pero en el momento del nacimiento no se hallan totalmente calcificados, sino que están formados por **cartílago**, un tejido menos resistente que el hueso, y por **mucosa**, un tejido blando.

Durante la infancia y la adolescencia tiene lugar el crecimiento corporal gracias al crecimiento de los huesos. Entre los dos extremos del hueso existe el denominado **cartílago de conjunción** o **placa de crecimiento**; a medida que este cartílago se alarga, en dichos extremos se van formando sucesivas capas de tejido óseo. Es hacia los 20 ó 25 años de edad cuando se produce la total osificación del cartílago y se detiene su crecimiento. El desarrollo alcanzado por los huesos antes de que se cierre la placa es la explicación de las diferencias de estatura existentes entre las personas. Los huesos también crecen a lo ancho hasta que alcanzan la resistencia suficiente.

Todo este proceso lo regulan factores genéticos y hormonales, en especial la hormona del crecimiento, producida en el cerebro por la glándula hipófisis. Las que se encargan de cerrar la placa de crecimiento son las hormonas sexuales (estrógenos y andrógenos).

Los huesos presentan formas muy variadas, según la función que han de desempeñar.

En los **huesos largo**s predomina la longitud, como ocurre con el fémur y el húmero, y presentan una parte central (diáfisis) y dos extremos (epífisis).

En los **huesos planos** predominan la longitud y la anchura sobre el grosor (costillas, omóplatos y huesos parietal y frontal del cráneo). Su principal función es la de protección de las partes blandas del cuerpo.

En los **huesos cortos**, las tres dimensiones son prácticamente idénticas, lo que les confiere gran resistencia pero poca movilidad; es el caso de los huesos de la muñeca.

El tamaño de los **huesos irregulares** es parecido al de los cortos, pero su forma se adapta a la función que desempeñan en el esqueleto (vértebras, huesecillos del oído, etc.).

Finalmente, los **huesos sesamoideos** son pequeños y redondeados porque se encuentran en las articulaciones. Un ejemplo típico es la rótula, situada en la articulación de la rodilla.

HUESO SESAMOIDEO
RÓTULA

Las diferentes formas de los huesos se corresponden con las diversas funciones que han de ejercer. Por ejemplo, algunos huesos, como el omóplato, son planos porque han de proteger algunos órganos vitales, mientras que otros, como el fémur, son largos y resistentes porque soportan casi todo el peso del cuerpo.

HUESO LARGO
FÉMUR

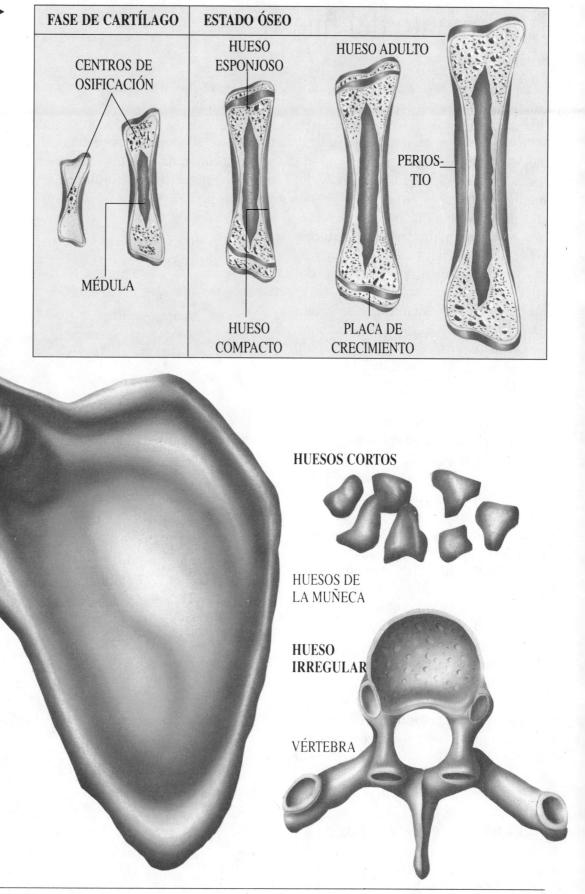

En los recién nacidos, los huesos todavía se están formando y no han adquirido la resistencia que tendrán después. Es la denominada fase de cartílago. Con el tiempo, el cartílago se va alargando por los extremos con sucesivas capas de tejido óseo.

FASE DE CARTÍLAGO	ESTADO ÓSEO

CENTROS DE OSIFICACIÓN

MÉDULA

HUESO ESPONJOSO

HUESO ADULTO

PERIOS-TIO

HUESO COMPACTO

PLACA DE CRECIMIENTO

HUESOS CORTOS

HUESOS DE LA MUÑECA

HUESO PLANO
OMÓPLATO

HUESO IRREGULAR

VÉRTEBRA

El alimento del hueso

El hueso no posee únicamente una función de sostén y crecimiento, sino que durante toda la vida se encarga de la regulación del metabolismo del calcio, imprescindible para el funcionamiento de los músculos y del medio interno.

Ello se debe a que el hueso es un órgano vivo: recibe vasos sanguíneos y nervios, posee un metabolismo gaseoso como cualquier otra parte del cuerpo, crece, enferma, muere... Es una parte del organismo que se halla en continua formación y destrucción.

Los **osteocitos**, base del tejido óseo, son células conjuntivas o cartilaginosas que se han transformado en óseas al impregnarse de sales cálcicas. Se disponen en forma concéntrica en torno a un canalículo, por donde pasan los vasos sanguíneos que nutren el hueso. La mayor parte de este tejido lo constituye una sustancia intercelular, que presenta una porción orgánica (fibras de colágeno que dan elasticidad al hueso) y otra inorgánica (fosfatos, carbonatos y fluoruro de calcio, que le otorgan dureza y fragilidad).

El desarrollo y fortalecimiento del hueso dependen de la **vitamina D** y de la vitamina D2 o **calciferol**, que regula la absorción de calcio y de fósforo en el intestino. El calciferol se encuentra, sobre todo, en el aceite de hígado de bacalao, el atún, la leche y los huevos.

También los rayos ultravioleta del sol, a través de su acción sobre la piel, favorecen la absorción de vitamina D, por lo que en los países soleados son poco habituales los casos de raquitismo (carencia de vitamina D).

La descalcificación progresiva de los huesos afecta en especial a las personas ancianas y a las mujeres en la menopausia, lo que conlleva un mayor riesgo de fracturas óseas.

Sección de un hueso largo, en el cual se aprecian los numerosos vasos sanguíneos que lo nutren y lo convierten en un órgano vivo; y detalle transversal de una osteona, donde destacan la disposición concéntrica de los osteocitos o células óseas, y el canalículo, pequeño conducto por el que discurre un vaso sanguíneo.

PROLONGAMIENTOS DE LAS CÉLULAS

CANALÍCULO

CAVIDADES QUE CONTIENEN LAS CÉLULAS ÓSEAS

LAMINILLA INTERMEDIA

ENDOSTIO

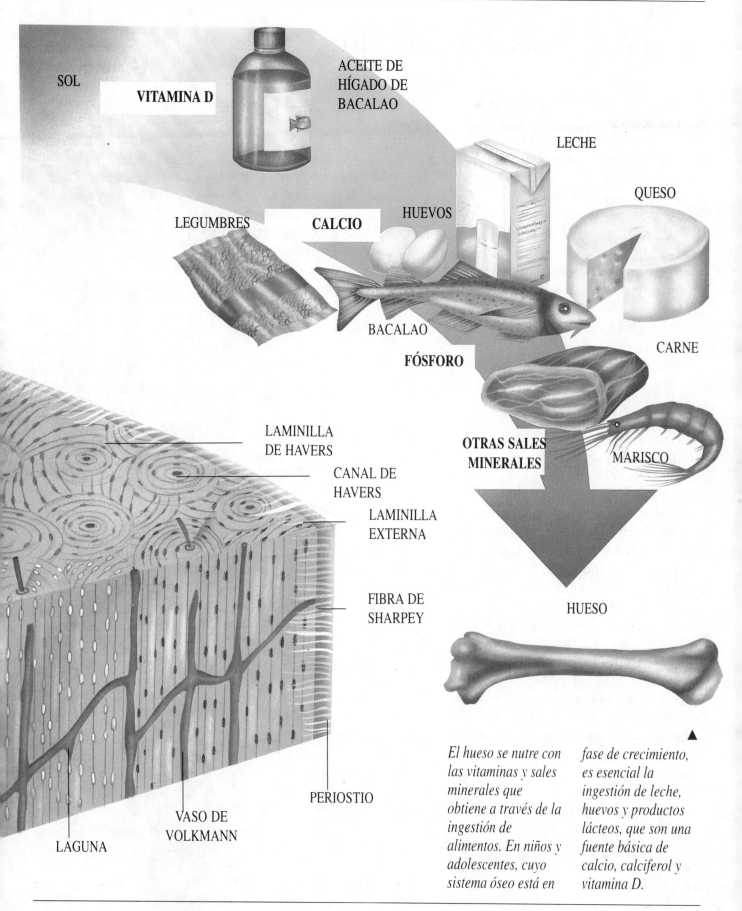

SOL

VITAMINA D

ACEITE DE
HÍGADO DE
BACALAO

LECHE

QUESO

LEGUMBRES

CALCIO

HUEVOS

BACALAO

FÓSFORO

CARNE

LAMINILLA
DE HAVERS

CANAL DE
HAVERS

LAMINILLA
EXTERNA

**OTRAS SALES
MINERALES**

MARISCO

FIBRA DE
SHARPEY

HUESO

PERIOSTIO

VASO DE
VOLKMANN

LAGUNA

El hueso se nutre con las vitaminas y sales minerales que obtiene a través de la ingestión de alimentos. En niños y adolescentes, cuyo sistema óseo está en fase de crecimiento, es esencial la ingestión de leche, huevos y productos lácteos, que son una fuente básica de calcio, calciferol y vitamina D.

Al servicio del movimiento

En los músculos se almacena la fuerza necesaria para que el cuerpo realice los movimientos, pero su capacidad para transformar esa fuerza en movimiento depende de la forma y la disposición de los huesos, y de la manera en que se articulen.

Aunque son numerosos los huesos implicados en el movimiento del cuerpo humano, las extremidades son las más representativas de la función de locomoción.

En la parte superior del tórax se encuentra el hombro, constituido por la **clavícula** y por el **omóplato**, que es el lugar de inserción de importantes músculos y ligamentos.

El brazo sólo consta del **húmero**, un hueso largo cuya epífisis inferior forma el codo, es decir, la articulación con el antebrazo. Éste presenta dos huesos dispuestos paralelamente entre sí: el cúbito y el **radio**. Ambos huesos se entrecruzan para efectuar el movimiento de rotación de la muñeca.

En la muñeca, mano y dedos, existen un total de 27 pequeños huesos, agrupados en **carpianos**, **metacarpianos** y **falanges**.

Las extremidades inferiores empiezan en la pelvis o cadera, formada por la unión del **sacro** y del **cóccix**. La pelvis masculina es más gruesa que la femenina, pero ésta es más ancha y está más inclinada para facilitar el paso del feto durante el parto.

El muslo sólo lo constituye el **fémur**, el hueso más largo del cuerpo humano. Seguidamente, la tibia y el **peroné** se articulan con la rodilla y con el tobillo. En la rodilla, un hueso

corto, aplanado y redondeado, la **rótula**, permite la flexión y la extensión de la pierna.

El pie comprende 26 huesos, dispuestos en tres grupos. Entre los huesos del tobillo está el de mayor tamaño del pie, el **calcáneo**, que forma el talón. Los **metatarsianos** y las **falanges** son semejantes a los de la mano, pero están menos desarrollados.

Los dedos de los pies se articulan como los de la mano, aunque no son tan móviles. El de mayor tamaño es el calcáneo que, junto con el arco del pie, absorbe los golpes y actúa de «colchón» contra las sacudidas que se originan con cada paso.
▼

HUESOS DEL PIE

DEDOS

FALANGE DISTAL
FALANGE MEDIA
FALANGE PROXIMAL

HUESOS METATARSIANOS

CUNEIFORMES

CUBOIDES

ESCAFOIDES

ASTRÁGALO

CALCÁNEO

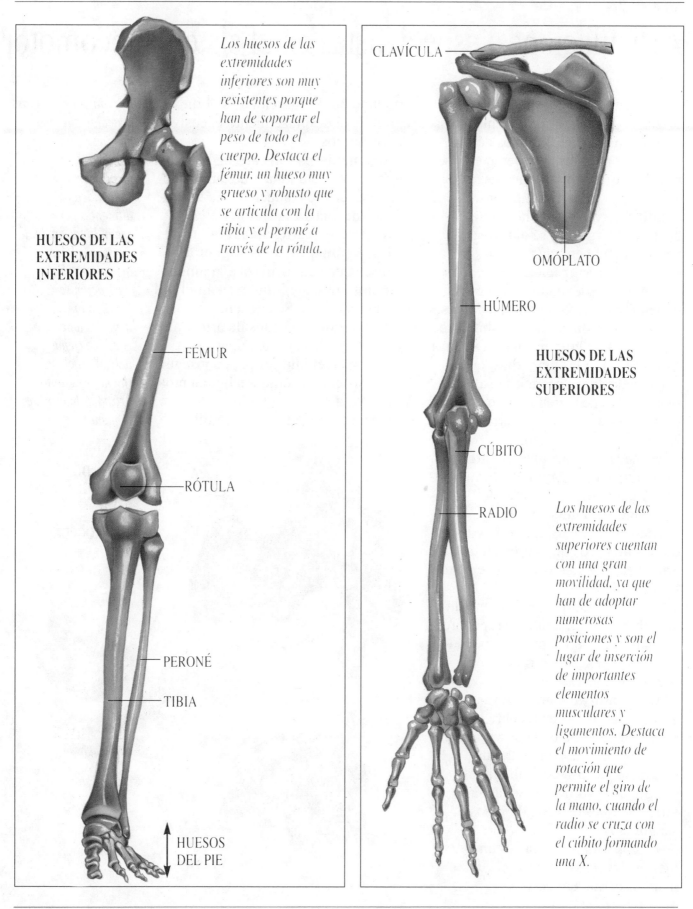

Los huesos de las extremidades inferiores son muy resistentes porque han de soportar el peso de todo el cuerpo. Destaca el fémur, un hueso muy grueso y robusto que se articula con la tibia y el peroné a través de la rótula.

HUESOS DE LAS EXTREMIDADES INFERIORES

FÉMUR

RÓTULA

PERONÉ

TIBIA

HUESOS DEL PIE

CLAVÍCULA

OMÓPLATO

HÚMERO

HUESOS DE LAS EXTREMIDADES SUPERIORES

CÚBITO

RADIO

Los huesos de las extremidades superiores cuentan con una gran movilidad, ya que han de adoptar numerosas posiciones y son el lugar de inserción de importantes elementos musculares y ligamentos. Destaca el movimiento de rotación que permite el giro de la mano, cuando el radio se cruza con el cúbito formando una X.

Articulaciones: especialistas en el sistema locomotor

Las articulaciones móviles son el origen de la mayor parte de nuestros movimientos. Los extremos de los huesos tienen formas diferentes y se articulan de distintas maneras: por ejemplo, en las **articulaciones condíleas**, como la de la rodilla, un hueso es alargado y se ajusta perfectamente en una cavidad del otro hueso. Las **trocleares**, como la del húmero y del cúbito en el codo, tienen forma de polea; las **trocoides**, como la articulación radiocubital, se asemejan a un cilindro que da vueltas sobre su eje; y las **artrodias**, que constan de dos superficies lisas y planas, sólo permiten movimientos de desplazamiento, como ocurre en la articulación de la mano.

En cada articulación hay diferentes elementos que aseguran y facilitan el movimiento de unas partes del esqueleto y mantienen otras sólidamente unidas. Es decir, existen tejidos no óseos que protegen la articulación y suavizan el roce entre los huesos:

El **cartílago**, que actúa como un «colchón», es un tejido que recubre los extremos de los huesos, lo cual suaviza el desgaste producido por el roce continuo.

La **membrana sinovial** es una especie de bolsa que recubre la superficie interna de la articulación y segrega líquido sinovial, una sustancia viscosa que lubrica los cartílagos y los nutre, ya que las articulaciones carecen de vasos sanguíneos.

La **cápsula articular** es una membrana fibrosa, en forma de manguito, que envuelve la articulación. Proporciona estabilidad e impide el desplazamiento excesivo de los huesos.

Los **meniscos** son cartílagos duros, en forma de semiluna, que aumentan la superficie de contacto entre los huesos de una articulación muy móvil, como ocurre en la rodilla.

Los **ligamentos** son estructuras fibrosas que dan firmeza a la unión entre los huesos y limitan su amplitud de movimientos. Se encuentran en la parte exterior de la cápsula articular, pero en algunas articulaciones se localizan en el interior para conseguir más resistencia, como los ligamentos redondos de la cadera o los ligamentos cruzados de la rodilla.

Las diartrosis son las articulaciones más móviles y complejas del aparato locomotor, y se subdividen en diferentes géneros según la forma de sus superficies articulares. En la ilustración se detallan las articulaciones condílea (fémur y pelvis), troclear (húmero y cúbito) y artrodia (huesos de la mano).
▼

TIPOS DE ARTICULACIONES

CONDÍLEA

TROCLEAR

ARTRODIA

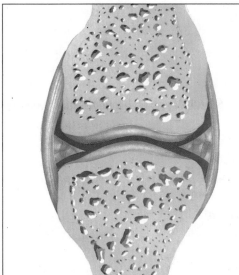

◄ *Los meniscos* **1** *amplían la superficie de contacto para ayudar a prevenir posibles lesiones. Se encuentran en la articulación de* *la rodilla, entre el fémur* **2** *y la tibia* **3**

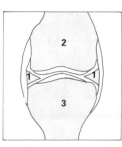

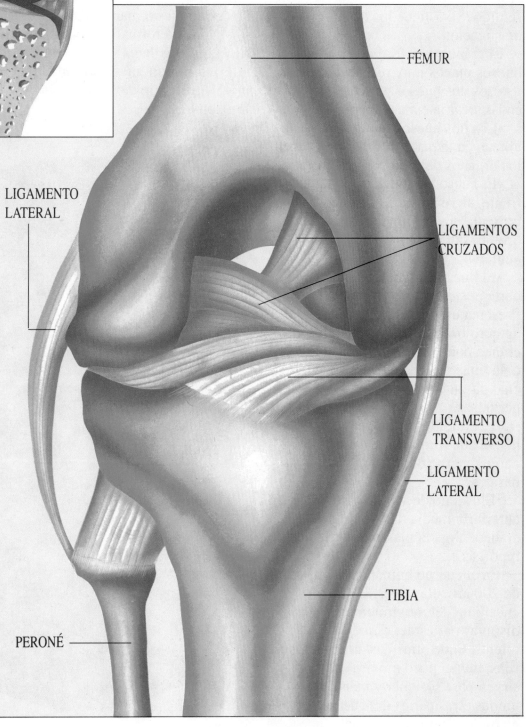

FÉMUR

LIGAMENTO LATERAL

LIGAMENTOS CRUZADOS

LIGAMENTO TRANSVERSO

LIGAMENTO LATERAL

La articulación de la ► *rodilla, la que forman el fémur y la tibia, es de tipo troclear: permite los movimientos de flexión-extensión y de rotación interna y externa de la pierna. La flexión de 90° de la rodilla muestra la disposición de los diferentes ligamentos: los cruzados, destinados a aumentar su flexibilidad, los laterales y el transverso.*

TIBIA

PERONÉ

Los huesos del cráneo y de la cara

La cabeza ósea se divide en dos partes: la parte posterior o cráneo protege el cerebro, y la anterior o cara aloja la mayoría de los órganos de los sentidos y sostiene los de la masticación.

El cráneo está formado por ocho huesos planos muy resistentes:

•Los dos huesos parietales se sitúan en las áreas laterales superiores.

•Los dos huesos temporales se ubican en la parte inferior y protegen los órganos del oído y del equilibrio.

•El hueso frontal da forma a la frente, sirve de base al cráneo y presenta dos profundas cavidades u órbitas, donde se alojan los globos oculares.

•El hueso occipital se sitúa en la parte posterior e inferior del cráneo. Presenta un gran orificio interior, el agujero occipital, que comunica el cráneo con la médula espinal de la columna vertebral, y a través del cual pasan las principales vías nerviosas.

•El etmoides es un pequeño hueso que forma parte de la pared externa de las fosas nasales.

•El esfenoides, en la parte anterior y media de la base del cráneo, aloja la glándula hipófisis.

En el cuerpo humano hay más de 200 articulaciones. Unas se encargan del movimiento de distintas partes del esqueleto, mientras que otras, las articulaciones fijas, tienen poco movimiento y sirven para sostener y mantener unidas otras partes del cuerpo. Un ejemplo son los huesos del cráneo,

articulados mediante unas líneas quebradas y zigzagueantes, las suturas.

Los huesos de la cara se dividen en dos porciones o mandíbulas. La superior está formada por dos huesos fijos, los maxilares superiores, y la inferior, por un hueso articulado, el maxilar inferior, cuya principal función es la masticación.

ARTICULACIONES DEL CRÁNEO

Las articulaciones entre los huesos del cráneo y los de la cara son fijas, un tipo de articulación que recibe el nombre de sinartrosis. En el cráneo forman una línea zigzagueante llamada sutura, que proporciona una sólida protección al cerebro. Los huesos de la cara se unen por la misma clase de articulaciones, pero éstas se disponen en línea recta.

▼

FRONTAL

PARIETALES

SUTURAS

OCCIPITAL

En la cabeza existen fundamentalmente dos clases de huesos: los del cráneo y los de la cara. Se pueden palpar a través de la piel porque el tejido muscular que los recubre es mucho más delgado que en otras partes del cuerpo. El hueso occipital conforma la única unión entre la cabeza y la columna vertebral, como si aquella fuera una pelota en equilibrio sobre la punta de un dedo.
▼

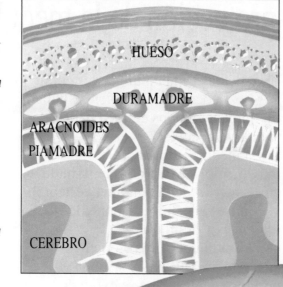

HUESO
DURAMADRE
ARACNOIDES
PIAMADRE
CEREBRO

El encéfalo ocupa la cavidad craneal, que es un verdadero estuche óseo protector. En vista de su importancia funcional, está envuelto además por un sistema especial de «amortiguadores», las meninges. Éstas se componen de tres membranas: la duramadre, en contacto con el hueso; la aracnoides, en la zona intermedia; y la piamadre, en contacto con el sistema nervioso y por donde circula el líquido cefalorraquídeo.
◀

PARIETAL

FRONTAL

ESFENOIDES

NASAL

MAXILAR SUPERIOR

TEMPORAL

APÓFISIS ESTILOIDES

OCCIPITAL

MALAR

MAXILAR INFERIOR

La columna vertebral: protección de la médula espinal

La columna vertebral, el eje o soporte de nuestro cuerpo, se compone de 33 ó 34 vértebras, superpuestas de forma regular. Las vértebras, que en su conjunto delimitan el conducto raquídeo, donde se aloja la médula espinal, presentan un agujero central y unas pequeñas protuberancias, las apófisis, en donde se unen los músculos.

Las vértebras se distribuyen de la forma siguiente:

•7 cervicales: son las menos gruesas y las de mayor movilidad. La primera cervical, el atlas, es una vértebra incompleta, y la segunda, el axis, permite la rotación lateral del cuello.

•12 dorsales: corresponden a la zona de la espalda y presentan mayor grosor y menor movilidad que las cervicales.

•5 lumbares: corresponden a la zona de la cintura y tienen bastante movilidad.

•5 sacras: soldadas entre sí, forman el sacro, hueso muy resistente que sirve de base a la columna vertebral.

•4 ó 5 coccígeas: también se hallan fuertemente unidas entre sí para formar el cóccix.

La médula espinal es un órgano muy bien protegido porque se halla en el interior de la columna vertebral y, como el encéfalo, dispone de meninges y de líquido cefalorraquídeo. Junto con el encéfalo, constituye el sistema nervioso central, que se extiende desde el bulbo raquídeo hasta las vértebras lumbares.

Básicamente, su tejido se compone de células nerviosas o neuronas y de fibras nerviosas, prolongaciones de las células que salen de la médula espinal y pasan por los orificios intervertebrales.

La médula espinal presenta un doble sentido de circulación: la circulación sensitiva conduce estímulos hacia el encéfalo, y la circulación motora transmite las órdenes del encéfalo, a través de las fibras nerviosas, a todo el organismo.

Las vértebras son huesos cortos con tejido esponjoso en su interior. Su forma varía según la parte de la columna a la que pertenecen, pero presentan una serie de caracteres comunes: el cuerpo, que ocupa la parte anterior; la apófisis espinosa, que se dirige hacia atrás; las apófisis transversas, que se dirigen hacia fuera; las apófisis articulares, eminencias que articulan las vértebras entre sí; y el agujero vertebral, en donde se aloja la médula espinal.

▼

VÉRTEBRA DORSAL

VÉRTEBRA CERVICAL

VÉRTEBRA LUMBAR

ATLAS

AXIS

PORCIÓN CERVICAL

CUERPOS
VERTEBRALES

APÓFISIS
TRANSVERSA

APÓFISIS
ESPINOSA

PORCIÓN DORSAL

PORCIÓN LUMBAR

PORCIÓN PÉLVICA

HUESO
SACRO

CÓCCIX

SEGMENTO DE LA
MÉDULA ESPINAL

◀ *La columna vertebral o raquis se divide en cuatro porciones que son, de arriba abajo: la porción cervical, la dorsal, la lumbar y la pélvica o sacrococcígea. Vista de perfil, la columna presenta una serie de curvaturas. Las de concavidad posterior se denominan lordosis, y las de convexidad posterior, cifosis. En condiciones normales existen cifosis a nivel dorsal y sacrococcígeo, y lordosis a nivel cervical y lumbar.*

▲
Entre cada cuerpo vertebral, la médula emite dos pares de nervios, las raíces raquídeas, que corresponden a los segmentos medulares. Todas las raíces nerviosas de la cara anterior de la médula son motoras, y las posteriores, sensitivas. En un corte transversal se aprecia una zona central en forma de H, correspondiente a la sustancia gris. Dicha zona presenta dos astas anteriores y dos posteriores, que son el respectivo lugar de paso de las vías nerviosas motoras y de las sensitivas que provienen del encéfalo.

El tórax, protege pulmones y corazón

El tórax es la parte superior del tronco, y la caja torácica protege esta parte del cuerpo, donde se alojan los pulmones y el corazón. Además, el tórax es una pieza fundamental de la mecánica o movimientos respiratorios.

Los principales huesos que dan forma a la caja torácica son las costillas y el esternón.

Las costillas están formadas por 24 huesos largos y estrechos, unidos en la espalda a la columna vertebral. Las siete primeras se denominan **costillas verdaderas** porque se articulan con el esternón a través de su respectivo cartílago. Las cinco últimas, o **costillas falsas**, no se articulan directamente con el esternón, sino que sus respectivos cartílagos se unen entre sí. De ellas, la undécima y la duodécima se llaman costillas flotantes porque se encuentran libres en toda su extensión.

El **esternón** es un hueso largo y plano, de unos 15-20 cm de longitud, situado en la parte delantera del tórax. Se articula con las dos clavículas del hombro y con las siete costillas verdaderas.

Entre la cavidad torácica y la cavidad abdominal, en el interior del organismo, existe un músculo en forma de paraguas abierto, el **diafragma,** que se contrae cuando inspiramos aire para empujar las costillas hacia arriba y aumentar el volumen de la caja torácica.

En el abdomen, los **oblicuos** realizan un trabajo inverso al del diafragma: cuando se contraen, tiran de las costillas hacia abajo y expulsan el aire de los pulmones.

En la respiración también actúan los músculos intercostales que, cuando se contraen, tiran de las costillas hacia arriba para ensanchar la caja torácica.

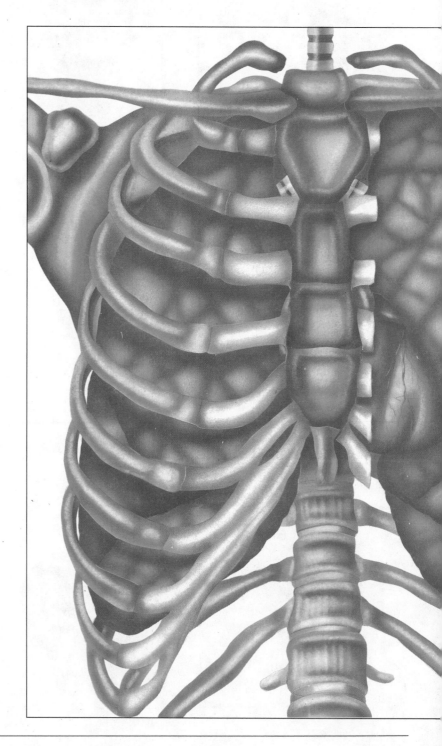

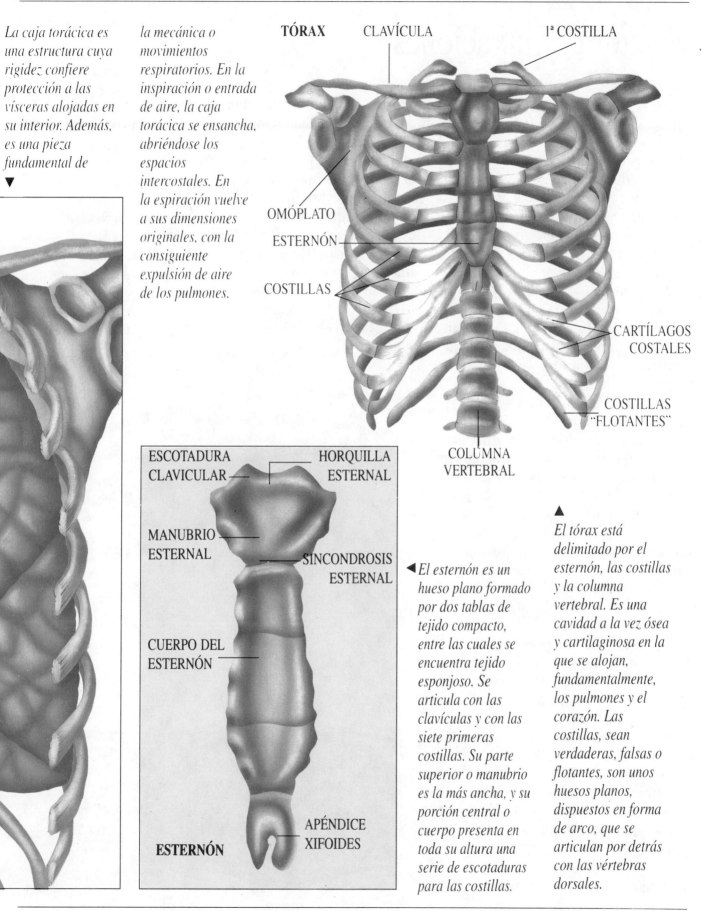

La caja torácica es una estructura cuya rigidez confiere protección a las vísceras alojadas en su interior. Además, es una pieza fundamental de ▼

la mecánica o movimientos respiratorios. En la inspiración o entrada de aire, la caja torácica se ensancha, abriéndose los espacios intercostales. En la espiración vuelve a sus dimensiones originales, con la consiguiente expulsión de aire de los pulmones.

TÓRAX
CLAVÍCULA
1ª COSTILLA
OMÓPLATO
ESTERNÓN
COSTILLAS
CARTÍLAGOS COSTALES
COSTILLAS "FLOTANTES"
COLUMNA VERTEBRAL

ESCOTADURA CLAVICULAR
HORQUILLA ESTERNAL
MANUBRIO ESTERNAL
SINCONDROSIS ESTERNAL
CUERPO DEL ESTERNÓN
APÉNDICE XIFOIDES
ESTERNÓN

◄ *El esternón es un hueso plano formado por dos tablas de tejido compacto, entre las cuales se encuentra tejido esponjoso. Se articula con las clavículas y con las siete primeras costillas. Su parte superior o manubrio es la más ancha, y su porción central o cuerpo presenta en toda su altura una serie de escotaduras para las costillas.*

▲
El tórax está delimitado por el esternón, las costillas y la columna vertebral. Es una cavidad a la vez ósea y cartilaginosa en la que se alojan, fundamentalmente, los pulmones y el corazón. Las costillas, sean verdaderas, falsas o flotantes, son unos huesos planos, dispuestos en forma de arco, que se articulan por detrás con las vértebras dorsales.

Fracturas y luxaciones

Los elementos que forman el aparato locomotor son bastante resistentes, pero también han de ser flexibles para que permitan realizar una amplia variedad de movimientos, por lo que frecuentemente están expuestos a posibles roturas.

Una fractura es la rotura de un hueso, sea completa o incompleta. Si el hueso se rompe por completo y, además, rasga los tejidos cercanos y abre una herida en la piel, se denomina fractura abierta. La mejor forma de prevenir esta circunstancia consiste en evitar los movimientos bruscos y violentos.

Básicamente, los huesos se componen de agua y minerales formados a partir de calcio y fósforo, además de una sustancia presente en los alimentos, la **osteína**. En su desarrollo influyen los osteoblastos, células formadoras del hueso, y los osteoclastos, células que lo destruyen para impedir un excesivo grosor del mismo. En caso de fractura, los osteoclastos destruyen los fragmentos de hueso y los osteoblastos generan tejido óseo nuevo.

Cuando los extremos de los dos huesos de una articulación no se encuentran en su posición normal, se produce una luxación, que generalmente también es consecuencia de un fuerte traumatismo.

Si el desplazamiento es momentáneo y, apenas cesado el esfuerzo, ambos extremos vuelven espontáneamente a su lugar, se produce una dislocación. En ambos casos se originan laceraciones de la cápsula articular, la membrana que envuelve las articulaciones.

Las curas fundamentales e indispensables para las fracturas son el reposo y la inmovilidad absoluta del miembro traumatizado. Se debe evitar cualquier movimiento, ya que eso podría agravar el desplazamiento, o bien las aristas cortantes del hueso fracturado podrían lacerar los músculos cercanos o los vasos sanguíneos.

El proceso de regeneración de una fractura ósea es una de las más bellas demostraciones de las posibilidades de reparación de nuestro organismo. Éstas son las fases principales:
1. Se forma una abundante acumulación de sangre (hematoma), que se coagula después de unas 12 horas.

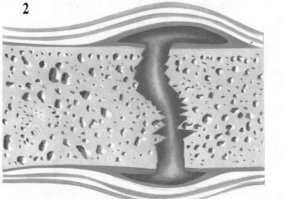

1

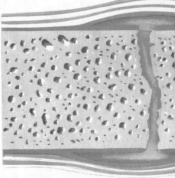

2   3

2. Se reabsorbe el hematoma y las células forman un callo fibroso que, como un manguito, envuelven ambos extremos.

3. El callo fibroso va impregnándose de sales de calcio y se transforma en un callo óseo provisional, rígido y duro.

4. Los conductos medulares se vuelven a juntar y se constituye un callo óseo definitivo, cuyo tejido es idéntico al ◀ del hueso primitivo.

◀ La luxación, producto de un fuerte traumatismo, se produce cuando los extremos de los dos huesos de una articulación no se encuentran en su posición original. A diferencia de la fractura, que requiere la inmovilización del miembro mediante una escayola, la luxación precisa que el extremo del hueso desplazado sea puesto por la fuerza en su alojamiento normal.

4

Ver y entender

Estatura: ¿qué hora es?

Imagina que pides la estatura a un compañero y éste te responde que depende de la hora en que se lo preguntes. Para comprobar que no te está tomando el pelo, coge una cinta métrica, lápiz y papel.

Por la mañana, nada más levantarte, ponte de espaldas contra una pared, con los pies juntos, y mira al frente. Pide a un compañero o familiar que mida tu altura y la anote en un papel. Justo antes de acostarte, repite el mismo procedimiento. ¿Cuál es tu altura ahora? Repite la observación durante varios días seguidos. ¿Qué observas?

Los huesos de la columna vertebral están separados por unos discos de tejido blando, que amortiguan los golpes. Durante el día, la gravedad tira de la columna hacia abajo y los discos, sometidos a presión, pierden agua. Así, al acostarte, eres algo más bajo que por la mañana. Los discos recuperan el agua durante la noche.

Doblar un hueso

Al nacer, nuestros huesos son relativamente blandos, ya que poseen gran cantidad de cartílago. A medida que crecen, se endurecen sobre todo por su parte exterior gracias a la deposición de minerales, principalmente calcio y fósforo.

Puedes comprobarlo en sentido inverso: procúrate un hueso de muslo de pollo, una jarra de vidrio donde quepa el hueso, y vinagre. Limpia el hueso de restos de carne. Después, colócalo en la jarra y vierte vinagre hasta cubrirlo. Al cabo de unos cuantos días, renueva el vinagre, y así durante tres o cuatro semanas. Saca el hueso de la jarra y sécalo. Se doblará como si fuera de goma; si es suficientemente largo, incluso podrás anudarlo. El vinagre habrá disuelto la mayoría de los minerales duros que componen el hueso. Sin ellos, el hueso parece el cartílago de la nariz o del pabellón de la oreja.

MATERIAL

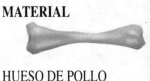

HUESO DE POLLO

JARRA

VINAGRE

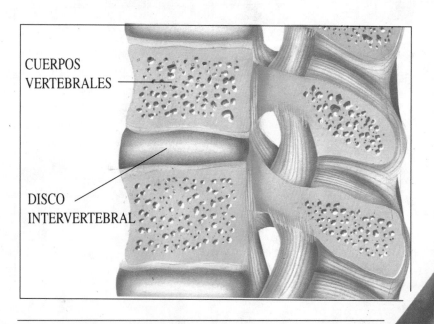

CUERPOS VERTEBRALES

DISCO INTERVERTEBRAL

Comprueba tu mismo cómo puedes conseguir doblar un hueso sin que se rompa.
▼

Haz un cabestrillo

En las fracturas de hombro, brazo y codo, suele hacerse un cabestrillo. Puedes practicar con un compañero y, de esta manera, en caso necesario, quizás algún día puedas socorrer a alguien que haya sufrido un accidente de este tipo.

Puedes improvisar el cabestrillo con un pañuelo grande, tal como muestra la ilustración: se sujeta el brazo con el pañuelo doblado y, luego, se ata el pañuelo al cuello o al hombro del herido.

Con una tablilla también se evita que la fractura de un brazo o una pierna se agrave. Puede hacerse con un periódico, una revista o una madera, y sujetarse con cuerdas, un pañuelo, un cinturón, etc., pero es imprescindible que la tablilla tenga la longitud suficiente para abarcar el hueso roto y las articulaciones cercanas.

En esta ilustración puedes ver cómo se hace un casbestrillo, el brazo herido se sujeta al cuello o al hombro con un pañuelo doblado
▼

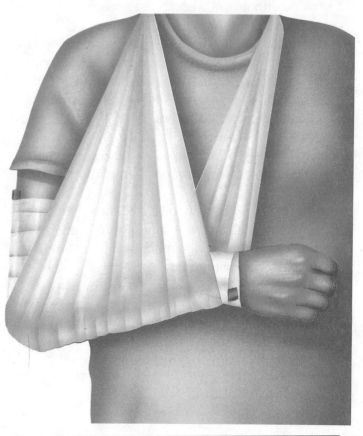

Glosario

Apófisis. Salientes o protuberancias que presentan algunos huesos.

Cartílago. Sustancia elástica y flexible, blanca o grisácea, adherida a las superficies articulares óseas.

Cifosis. Encorvadura de la columna vertebral, de convexidad posterior.

Colágeno. Constituyente de la sustancia fundamental de los tejidos conjuntivos óseo y cartilaginoso, que por el calor se convierte en gelatina.

Diafragma. Músculo en forma de paraguas, utilizado para respirar y que está justo debajo de los pulmones.

Diartrosis. Articulación que permite mover el hueso en varias direcciones.

Eritrocito. Célula de la sangre con hemoglobina, también llamada hematíe o glóbulo rojo. Se encarga de distribuir el oxígeno a todas las células del organismo y de eliminar de ellas el dióxido de carbono.

Eritropoyesis. Función de producción de glóbulos rojos en los órganos hematopoyéticos.

Fagocitosis. Función que desempeñan unas células de la sangre, los fagocitos, consistente en absorber y destruir otras células como las bacterias patógenas.

Fibrina. Sustancia que resulta de la descomposición del fibrinógeno cuando la sangre sale de los vasos sanguíneos, y que contribuye a la formación del coágulo sanguíneo.

Hemoglobina. Sustancia colorante de los glóbulos rojos de la sangre. Contiene pequeñas cantidades de hierro, gracias a las cuales puede fijar el oxígeno. En los alvéolos pulmonares, la hemoglobina se transforma en oxihemoglobina al cargarse de oxígeno.

Leucocito. Célula de la sangre de distintos tipos, también llamados glóbulo blanco, que actúa como sistema de defensa del organismo contra las infecciones.

Leucopoyesis. Proceso de producción de glóbulos blancos de la sangre.

Luxación. Dislocación de un hueso como consecuencia de un fuerte traumatismo.

Meninges. Conjunto de tres membranas que envuelven y protegen el encéfalo y la médula espinal.

Mucosa. Membrana con numerosas glándulas cuyas secreciones la mantienen siempre húmeda y viscosa. La mucosa recubre cavidades y conductos que se abren al exterior (vías respiratorias, intestinos, etc.).

Osteocito. Célula conjuntiva o cartilaginosa que se transforma en ósea al impregnarse de sales cálcicas.

Periostio. Capa externa viva o recubrimiento de los huesos, que contiene numerosos vasos sanguíneos.

Sutura. Línea de unión de dos huesos del cráneo.

Trabécula. Partícula ósea que constituye la epífisis o extremo de un hueso.

Índice